AF262318

AU NOM DE LA RÉPUBLIQUE.

PARDEVANT le Notaire public pourvû de Patente à lui délivrée par l'Administration municipale de la commune de Tulle , le 9 Nivôse dernier , n° 48 , et en présence des Citoyens François-Villeneuve fils , ex-militaire , demeurant dans cette commune , et d'Etienne-Chatemiche aîné , demeurant en la commune de Brive , mes témoins soussignés ;

Ont comparu ce jourd'hui 27 Germinal an sept de la République française une et indivisible , les Citoyens Jean Theulière et Jean Soulier , électeurs du Canton de Beaulieu ; Jean-Louis Peyridieux , Guillaume Borie , et Clément Poignet , électeurs du Canton de Meyssat ; Antoine Foulioux , électeur du Canton de St.-Angel ; Pierre Béral aîné , électeur du Canton de Chameyrat ; Joseph Prach , électeur du Canton de Clergoux ; Jean-Baptiste Chadebec , premier du nom , électeur du Canton de Sornac ; Joseph Bourgés , Jean Malés et Pierre Mathieu , électeurs du Canton de Beynat , Section d'Albignac ; Pierre Rivière , Joseph Feugeas , Jean Borie , François Nolitas , Jean Peuch , électeurs du Canton de Chamboulive ; Jean Neuville , François Chabrignac , électeurs du Canton de Meyssat ; Jacques Souchet , électeur de Chameyrat ; François Farge , Jean Faurie , François Scaravage , Pierre Greze , Clément Farge , électeurs du Canton de Curemonte ; Jean-Baptiste Montbrial , Pierre Carrière , électeurs du Canton de Beaulieu ; Léonard Breton , électeur du Canton de Sornac ; Jean Larchie , électeur du Canton de Seilhac ; Delord , du Canton de Chamboulive ; et Jean Peuch , électeur du même Canton soussignés , lesquels nous ont exposé ce qui suit :

A

Nommés électeurs par les Assemblées primaires de nos Cantons respectifs , nous nous rendîmes le vingt du courant au Temple décadaire de la présente commune , à neuf heures du matin pour y remplir notre mandat, conformément à la Constitution et aux lois organiques.

Les électeurs réunis , il fut procédé à la formation du Bureau provisoire , les quatre plus anciens occupèrent les places de président et de scrutateurs , et malgré les réclamations de plusieurs membres , celle de secrétaire provisoire fut donnée au citoyen Luçon , notoirement connu pour ci-devant noble et beau-frère d'émigré , il fut question de procéder à la nomination du président définitif.

Alors le plus ancien des électeurs de chaque Canton remit la liste de tous les électeurs de son Canton , certifiée par l'Administration municipale; parmi les électeurs il se présenta pour les Cantons d'Argentat , de Brive , de Lubersac , de Meymac et d'Ussel , des citoyens nommés par des Assemblées primaires qui avaient opéré dans les lieux indiqués par l'Administration centrale , et des citoyens élus par des Assemblées scissionnaires.

Cette double élection fit naître les questions de savoir si les citoyens qui s'étaient réunis dans les lieux désignés légalement , n'étaient pas les seules Assemblées primaires qui avoient pu nommer des électeurs , et si ces électeurs qui seuls remettaient les listes voulues par la loi du 6 Germinal , n'étaient pas ceux qui devaient être admis , et ceux nommés par les scissions exclus.

La discussion fut très-longue et vive : le Citoyen Juge électeur de Brive , qui avait obtenu la parole , demanda vainement pendant plus de trois quart d'heure à lire la Constitution et la loi du 6 Germinal , pour établir que les élus des majorités devoient être admis , et ceux des scissions rejettés ; sa voix fut constamment couverte par des vociférations , des huées et des cris à bas, à bas ; il fut donc obligé de quitter la Tribune sans pouvoir obtenir de faire cette lecture. Le calme s'étant un peu rétabli, le cit. Chavoix l'un des scrutateurs , lut quelques articles de la loi reclamée par le citoyen Juge ; l'Assemblée parut adopter en principe , que provisoirement les électeurs qui avaient des listes certifiées par les Administrations municipales seraient les seuls qui voteraient; les comparants qui esperaient que cette décision écarterait les scissionnaires , parce qu'ils ne représentaient pas la liste légale exigée , furent douloureusement affectés , lorsqu'ils virent des scissionnaires , entr'autre Montlouis d'Ussel , faire sa liste sur le Bureau , être appelés à leur tour par le secrétaire , sur ces listes informes et voter.

Les réclamations se renouvelèrent contre cette admission, mais ce fut envain ; plusieurs orateurs insinuèrent que l'Assemblée ne pouvait pas délibérer même sur cette question jusqu'après la formation du bureau définitif ; l'impulsion donnée par les membres du Bureau entraîna l'Assembée dans ce piège ; de manière que les cinq Cantons ci-dessus nommés fournirent chacun un nombre double d'électeurs , et qu'au lieu de n'être composée que de deux cent vingt-quatre membres , conformément aux arrêtés de l'Administration centrale , rendus sur les tableaux de population, l'Assemblée le fut de deux cent quarante-quatre. Ce nombre a toujours concouru à la formation du bureau définitif , et il est aisé de concevoir que des hommes qui avaient déjà violé la Constitution en scissionnant , n'ont pas manqué de réunir leur influence à celle des partisans de ce systême désorganisateur , pour porter au bureau des hommes dans ce sens ; aussi le citoyen Mougeiu beau-frère d'émigré , évidemment compris dans la loi du 3 Brumaire , succéda au citoyen Luçon pour la place de secrétaire définitif. Cependant le Bureau définitif formé, les comparants crûrent que l'instant de discuter la question des scissions et de faire triompher les principes était arrivé ; dans la séance du vingt-trois au soir , le citoyen Monbrial électeur du Canton de Beaulieu, fit une motion d'ordre appuyée sur la Constitution et les lois organiques , elle a été imprimée ; il y demandait l'admission des élus des Assemblées qui avaient opéré dans le local désigné, et l'exclusion des élus des minorités scissionnaires. Cette proposition fut vivement appuyée ; la discussion se prolongea pendant toute la séance , sans donner de résultat. Dans la séance du 24 au matin la discussion se rouvrit sur la même question ; plusieurs opinions et entr'autres celle du citoyen Michaud électeur du Canton de Sornac , qui a été imprimée , furent émises. La discussion fut fermée , et il fut mis aux voix , si les scissionnaires ne seraient pas exclus avant la formation des Commissions pour la vérification des pouvoirs des électeurs nommés par les Assemblées primaires autorisées par la Constitution ; la grande majorité de l'Assemblée se déclara successivement dans deux épreuves qui furent faites pour l'exclusion de tous les scissionnaires ; le bureau dont l'opinion n'était plus un problême pour l'Assemblée , déclara au contraire que l'épreuve était douteuse ; il fallait donc recourir à l'appel nominal ; mais la séance ayant été déjà prolongée jusqu'à midi , le président la leva.

Dans celle du soir , les comparants s'attendaient que la délibération serait reprise dans l'état où elle avait été laissée ; mais le président exerçait si mal la police que beaucoup d'individus étrangers à l'Assemblée s'y introduisirent, les uns par une porte de derrière , et les autres par celle d'entrée ; ce qui fut vraisemblablement cause que le citoyen Bedoch , l'un des chefs des scissionnaires , reçut un coup de poing dans l'Assemblée , de la part, dit-on, d'un individu qui n'était pas électeur. Le bureau profita adroitement de cette circonstance que l'on peut au moins imputer à sa négligence , pour changer l'état de la délibération.

Les partisans des scissionnaires profitèrent de l'affliction que cet événement causait à l'Assemblée ; pour faire ordonner qu'il serait distribué des cartes à tous ceux qui avaient voté jusques alors, qu'ils fussent ou non scissionnaires. Les comparants soutinrent que les scissionnaires ne devaient point en avoir, que leur présence dans l'Assemblée ne fesait qu'entraver les opérations, mais le bureau déclara qu'il serait distribué des Cartes à tous indistinctement, et la séance fut levée.

Le vingt-cinq, la séance fut ouverte par la lecture du procès-verbal. Le citoyen Choriol, électeur du Canton d'Ussel, demanda et obtint la parole pour une motion d'ordre portant « Citoyens » Electeurs, il n'est aucun de nous qui n'ait été sincèrement affligé » de l'événement qui s'est passé dans la séance d'hier. L'opinion » de l'Assemblée a été unanime à cet égard, et il est à présumer » qu'une pareille scène ne se répétera plus.

» Mais les amis de la Constitution de l'an 3, de la République » et de la Liberté, n'ont pas vu sans étonnement qu'une force » armée extraordinaire, se soit introduite dans cette enceinte et » qu'elle y ait demeuré pendant toute la séance, sans un ordre » exprès de l'Assemblée.

» Il y a plus, cette salle qui doit être sacrée pendant que » l'Assemblée l'occupe, et dont la police intérieure lui appartient » exclusivement, a été entourée, cernée et pour ainsi dire » assiégée par différents pelotons de force armée que le Commissaire » central y a conduit lui-même et posté.

» Sans doute, des Républicains ne doivent pas craindre la » force armée, puisqu'elle est composée de Républicains et » d'hommes qui ont fait leur preuve de bravoure et de dévouement » pour la patrie ; mais il suffit que le citoyen Gautier, Commissaire central, montre un zèle outré pour le maintien de » la tranquillité parmi vous, tandis qu'elle n'est point troublée ; » pour la protection de vos personnes, tandis qu'elles ne courent » aucun danger, pour que nous soyons en droit de lui attribuer

» envers l'Assemblée électorale , les même manœuvres que quelques
» autres Commissaires ont employées dans plusieurs Cantons où
» il y a eu scission. Eh ! quelles ont été ces manœuvres ? Ce
» sont d'avoir intimidé des citoyens, pour provoquer des scissions ;
» comprimé les suffrages et cherché enfin à influencer les opé-
» rations de ces Assemblées primaires.

» Certes , l'Assemblée électorale ne peut exercer aucune puis-
» sance hors du local de ses séances ; mais elle doit témoigner
» son étonnement de ce que la force armée s'est introduite dans
» son enceinte , et a demeuré en partie extérieurement pendant
» toute la séance. La force armée dont l'Assemblée électorale
» a besoin , est un piquet posté à la porte de la salle , pour
» empêcher d'autres citoyens que les électeurs d'entrer dans l'en-
» ceinte ; mais tout autre appareil de force armée au devant
» où autour de cette salle est plus que superflu , il est impolitique
» et contraire à la liberté des suffrages ; je demande donc que
» le président soit chargé d'écrire à l'Administration centrale et
» au Commissaire , pour qu'ils prennent sur le champ des moyens
» afin que nulle force armée n'approche de cette enceinte, que
» celle qui est nécessaire pour en garder la porte et empêcher
» que d'autres citoyens que les électeurs s'y introduisent. »

Cette motion fut vivement appuyée ; il fut même observé que
dès la séance du vingt-trois il avait été dépêché une ordonnance
à Treignac pour faire venir la gendarmerie qui y est en station ,
l'insertion de la motion et de cette observation au procès verbal
fut demandée , mais le bureau déclara que l'Assemblée passoit
à l'ordre du jour sur cette triple proposition.

Cependant il n'est pas un Electeur qui n'ait redoublé d'étonnement sur le nouvel appareil militaire qui a été déployé depuis,
aux deux avenues qui aboutissent au Temple décadaire, lieu
où se tient l'Assemblée électorale , il y a toujours eu à environ
deux cents pas de distance de chaque côté, deux piquets de

(7)

cavalerie ; et entre ces deux piquets de dix en dix pas sur tout
le chemin qui borde la Corrèze , et passe devant le lieu de
l'Assemblée électorale , d'autres piquets d'Infanterie au nombre
de plus de cent hommes , avec la consigne de ne laisser arrêter
personne ; de manière que si deux Electeurs ont voulu s'arrêter
un instant pour causer ensemble au-devant de la porte de l'Assemblée et sur toute l'espace occupée par la troupe , ils ont sur
le champ été obligés par ces militaires de se retirer ; ont-ils
voulu excepter de leur qualité d'électeurs , ils ont répondu que
telle était leur consigne ; chacun connaissant les dispositions
qu'avait faites dès le vingt-quatre le Commissaire central , s'est
très-bien imaginé que ce ne pouvait être que lui qui avait pris ces
nouvelles mesures aussi véxatoires qu'inutiles , mais très propres à
intimider les électeurs peu instruits, et à influencer les suffrages ;
dans cette séance il fut nommé des commissions pour la vérification des pouvoirs ; on demanda que les scissionnaires ne pussent
pas y entrer ; le bureau ne daigna pas écouter ceux qui faisaient
cette proposition et les scissionnaires concoururent à la formation
de ces Commissions. Le 25 au soir il n'y eut pas de séance. Le
26 le lieu des séances a été entouré par le même nombre de
force armée que la veille avec la même consigne ; la séance
ouverte , il a été fait différents rapports sur les procès-verbaux
de plusieurs Assemblées primaires où il n'y avait pas eu de scissions ; au lieu de continuer l'examen des procès-verbaux ,
avant de s'occuper des conditions de l'éligibilité, et pour conserver
sans doute dans l'Assemblée , par le moyen des scissionnaires ,
ceux qui étaient compris dans la loi du 3 Brumaire comme parents
d'émigrés , ou dans celle du 9 Frimaire comme nobles , ou
dans celle du 6 Germinal comme réquisitionnaires , ou exposa
1.º Que le citoyen Lespinasse , de Corrèze , est beau-frère de
Chabrignac émigré, qu'il avait reconnu et déclaré lui-même être
dans la loi du 3 Brumaire , ainsi qu'il est établi par un arrêté
de l'Administration centrale. 2.º Que le citoyen Dulaurent , électeur de St.-Chamant , est un ci-devant noble , puisqu'il vota dans

l'Assemblée de la noblesse en 1789 ; ainsi qu'il conste par le procès-verbal imprimé qui a été produit , et qu'il est beau-frère de quatre émigrés. 3.º Que le citoyen Luçon , électeur du Canton de Ségur , est ex-noble et beau-frère d'émigré. 4.º Que le citoyen Lornac , aussi électeur de Ségur , est oncle d'émigré et réquisitionnaire. 5.º Que le citoyen Chabrignac, électeur de Beynat, quoique Commissaire du Directoire , est réquisitionnaire , et ne reste dans ses foyers qu'en vertu de congé limité délivré par le Commissaire central. 6.º Que le citoyen Salviat , électeur de Bugeac , est neveu de Forêt ex-constituant , émigré. 7.º Que le citoyen Lachaud , électeur de Treignac , est beau-frère d'émigré, qu'il a été deux fois destitué par le Directoire exécutif en l'an 4 et en l'an 6 , comme ennemi du Gouvernement républicain , et protégeant les Prêtres réfractaires et les émigrés. 8 º Que Mougein (Saint-Avid) secrétaire , est beau-frère de Leix Nussane, émigré, ex-garde du Comte d'Artois , et qu'il n'a pas constamment occupé des places à la nomination du peuple ; le président s'est borné à demander l'attestation des autres électeurs des mêmes Cantons de ceux sujets à l'exclusion ; et a déclaré que l'Assemblée passoit à l'ordre du jour sur ces différentes réclamations.

Le rapport sur l'Assemblée primaire de Meymac ; où il y a eu scission , a été fait ; il a été décidé après une longue discussion (pendant laquelle le citoyen Treich , électeur de ce même Canton , a prononcé une opinion imprimée qu'il a distribuée ,) que les électeurs nommés par l'Assemblée qui avait opéré dans le lieu désigné par l'Administration centrale , et ceux nommés par la scission seraient également rejetés.

Dans la séance de l'après midi qui a été ouverte par la lecture du procès-verbal , plusieurs membres ont reclamé contre sa rédaction , en ce qu'il ne fesait pas mention que la force armée continuait d'entourer l'Assemblée et se plaçait en partie , jusque dans son sein , sans son aveu et sans avoir même été consultée à cet égard ; quelques membres ont demandé l'ordre du jour ; le président sans daigner le mettre aux voix a déclaré qu'il était adopté.

Le rapport sur les Assemblées primaires de la Commune de Brive où il y avait eu scission a été fait, le rapporteur a proposé au nom de la commission de rejetter les élus scissionnaires et d'adopter les élus de la majorité qui avaient opéré conformément à la Constitution et aux lois ; l'Assemblée était convaincue d'après le rapport détaillé que cette proposition était la seule adoptable ; cependant le bureau a laissé prolonger la discussion et fourni au Citoyen Melon-Pradou le moyen de proposer pour un bien de paix, a-t-il dit, le renvoi en masse avec les élus des scissions, les élus des majorités. De toutes parts se sont élevées des réclamations, mais le président constamment attaché à son système, n'a rien voulu entendre et a déclaré que la proposition de Melon était adoptée et qu'à cet effet tous les électeurs non scissionnaires et scissionnaires des Cantons de Brive, Lubersac, Argentat et Ussel demeuraient exclus de l'Assemblée comme ceux de Meymac ; la séance a été levée.

Les comparans déclarent qu'ils prennent le parti de consigner ces faits et ces motifs qui infectent de nullité toutes les opérations de l'Assemblée électorale faites jusques à ce jour et celles qui pourront s'en suivre si on ne leur donne pas d'autre base, que pour prouver à leurs commettants et au Corps législatif qu'ils n'y ont pas donné leur assentiment, qu'ils ont constamment reclamé contre et que c'est l'impérieuse influence du bureau aidé par les scissionnaires et ceux compris dans la loi du 3 Brumaire, 9 Frimaire et 6 Germinal, et la présence de la force armée qui les ont déterminés ; bien convaincus que cette déclaration sera suffisante pour détourner de sur leurs têtes les reproches, le blâme et la responsabilité qui peuvent atteindre ceux qui y ont concouru volontairement. Au reste par respect pour la Constitution de l'an 3, et pour continuer à donner des preuves authentiques de leur attachement à ses dispositions, ils déclarent qu'ils continueront de demeurer dans le lieu indiqué pour la tenue de l'Assemblée électorale et de contribuer aux opérations qui pourront y être faites, espérant que désormais on ne pourra plus leur imputer la faute de leur défectuosité, à cet effet les comparants nous ont requis de nous transporter audevant de l'Assemblée électorale et de notifier la présente déclaration aux Citoyens Grivel président, et Mougein secrétaire de ladite Assemblée, avec invitation de lui en faire part; comme aussi de nous transporter ensuite devers le Citoyen Gautier Commissaire central, et de la lui notifier pareillement afin qu'il ait une parfaite connaissance des illégalités qui existent dans les opérations de ladite Assemblée; et ont les comparants signé avec nous. A la minute Fouilloux, Peyridieux, Prads, Maleys, Rivière, Feugeas, Teuillere, Borie jeune, Chadebec, Mathieu, Noilletas, Soulier, Béral aîné, Bourzés, Borie, Chabrignac, Poignet, Neuville, Escaravage, Greze, Breton, Jacques Souchet, Farges, Cariere, Larchie, Forie, Farges, Jean-Baptiste Monbrial, Delord et Jean Peüch qui a déclaré ne savoir signer, et de suite nous notaires soussignés accompagnés desdits Villeneuve et Chatemiche nos témoins soussignés, nous sommes transportés à l'heure de cinq et demie du soir de ce jourd'hui vingt-sept Germinal an 7 de la République, au devant de la porte du Temple décadaire où se tient l'Assemblée électorale, où j'ai notifié le présent acte aux Citoyens Grivel et Mougein président et secrétaire de ladite Assemblée, en parlant au Citoyen Vincent, capitane du poste qui s'est refusé de la remettre au président du bureau et de signer sa réponse. *Signé* Floucaud notaire, Chatemiche aîné témoin, Villeneuve fils témoin.

Et de là nous nous sommes transporté devers la personne du Citoyen Gautier, Commissaire du Directoire exécutif près l'Administration centrale du Département de la Corrèze, auquel avons laissé copie du présent acte en parlant à lui qui n'a voulu faire de réponse, signé à la minute Chatemiche témoin, Villeneuve fils témoin, et nous soussigné.

Nous étant transporté de nouveau au lieu où se tient l'Assemblée électorale et vû le refus qu'avait déjà fait le commandant du

poste de recevoir la copie du présent acte, nous avons fait prévenir
le président de l'objet de notre mission, et de nous indiquer une
personne à laquelle nous puissions remettre copie du présent acte
pour la lui faire parvenir, il a fait réponse qu'il se rendroit lui-
même, lorsqu'il aurait fini le dépouillement du scrutin auquel
il était occupé, et ayant en conséquence attendu la fin de ce
dépouillement et malgré nos invitations réitérées au président de
recevoir copie du présent acte ; ledit président n'en ayant tenu
aucun compte, et ayant attendu inutilement plus de deux heures
sans recevoir aucune réponse, considérant son silence pour un
refus, et n'ayant aucun moyen pour lui faire parvenir copie du
présent acte, nous nous sommes retirés aux protestations, fins
et reserves telles que de droit, et ledit Villeneve et Chatemiche
ont signé avec nous. Signé à la minute Chatemiche témoin, Villeneuve témoin et nous soussigné, et enregistré par Lespinat, qui
a reçu quatre francs.

Pour copie conforme.

FLOUCAUD, *notaire.*

A TULLE,
Chez R. CHIRAC, Imprimeur - Libraire.

www.ingramcontent.com/pod-product-compliance
Lightning Source LLC
Chambersburg PA
CBHW060052090726

47597CB00012B/3697